NAJLEPSZA KSIĄŻKA PRZEPISÓW NA KEFIR

100 zdrowych, leczniczych i żywych aromatyzowanych napojów kefirowych

Marcel Kalinowski

Prawa autorskie ©2023

Wszelkie prawa zastrzeżone

Żadna część tej książki nie może być wykorzystywana ani rozpowszechniana w jakiejkolwiek formie i w jakikolwiek sposób bez odpowiedniej pisemnej zgody wydawcy i właściciela praw autorskich, z wyjątkiem krótkich cytatów użytych w recenzji. Niniejsza książka nie powinna być traktowana jako substytut porady lekarskiej, prawnej lub innej porady zawodowej.

SPIS TREŚCI

SPIS TREŚCI 3
WSTĘP 6
PRZEPISY PODSTAWOWE 7
   1. Kefir kokosowy 8
   2. Kefir wodny 10
   3. Kefir mleczny 12
   4. Kefir mleczny waniliowy 14
KEFIR OWOCOWY 16
   5. Kefir kokosowy z liczi 17
   6. Kefir cytrusowy 19
   7. Kefir malinowy z siemienia lnianego 21
   8. Kefir Piña Colada 23
   9. Kefir truskawkowo-bananowy 25
   10. Kefir truskawkowo-limonkowy 27
   11. Kefir błotny arbuzowy 29
   12. Lemoniada z kefirem malinowym 31
   13. Truskawki w kefirze kokosowym 33
   14. Kefir jagodowo-granatowy 35
   15. Kefir z sokiem malinowym 37
   16. Kefir z sokiem winogronowym 39
   17. Kefir wodny ze skórką pomarańczową 41
   18. Kefir wiśniowo-waniliowy 43
   19. Kefir wodny z czarnego bzu 45
   20. Kefir jagodowo-cytrynowy 47
   21. Kefir mango-ananasowy 49
   22. Kefir malinowo-limonkowy 51
   23. Kefir arbuzowo-miętowy 53
   24. Kefir brzoskwiniowo-imbirowy 55
   25. Kefir wiśniowo-waniliowy 57
   26. Kefir kiwi-truskawkowy 59
   27. Kefir jabłkowo-cynamonowy 61
   28. Kefir jeżynowo-kokosowy 63
PIKANTNY KEFIR 65
   29. Kefir mleczny z przyprawą kakaową 66
   30. Nog jajeczny kefirowy 68
   31. Kefir śliwkowo-cynamonowy 70
   32. Kefir wodny z przyprawami żurawinowo-jabłkowymi 72
   33. Kefir cytrynowo-imbirowo-cayenne 74
   34. Kefir wodny z przyprawami dyniowymi 76

35. Słodki kefir klonowy 78
36. Kefir z czarnego sezamu 80
37. Kefir miodowo-przyprawowy 82
38. Kefir z kurkumy i imbiru 84
39. Kefir kurkumowo-kardamonowy 86
40. Kefir cynamonowo-waniliowy 88
41. Kefir piernikowy 90
42. Kefir z przyprawami Chai 92
43. Kefir z przyprawą dyniową 94
44. Kefir waniliowo-kardamonowy 96
45. Kefir gałkowo-goździkowy 98
46. Kefir pięciu smaków 100
47. Przyprawiony kefir jabłkowy 102
48. Kefir miętowo-mokkowy 104

KEFIR WARZYWNY 106
49. Kefir marchewkowy 107
50. Kefir wodny rabarbarowo-rozmarynowy 109
51. Kefir ze słodkich ziemniaków 111
52. Kefir z ogórkiem i kolendrą 113
53. Kefir ogórkowo-miętowy 115
54. Kefir marchewkowo-imbirowy 117
55. Kefir szpinakowo-bazyliowy 119
56. Kefir buraczano-jabłkowy 121
57. Kefir pomidorowo-bazyliowy 123
58. Kefir jarmużowo-ananasowy 125
59. Kefir paprykowo-kolendrowy 127
60. Kefir cukiniowo-bazyliowy 129
61. Kefir ze słodkich ziemniaków i cynamonu 131
62. Kefir brokułowo-zielony jabłkowy 133

KEFIR KWIATOWY 135
63. Kefir mleczny ze słodkiej lawendy 136
64. Kefir liliowo-brzoskwiniowy 138
65. Kefir jagodowo-cytrynowo-lawendowy 140
66. Kefir z rumianku i groszku motylkowego 142
67. Kefir wodny z hibiskusem i imbirem 144
68. Kefir lawendowo-jagodowy 146

KEFIR ZIOŁOWY 148
69. Kefir wodny z liści pokrzywy 149
70. Lodowy miętowy kefir 151
71. Kefir rozmarynowo-tymiankowy 153
72. Kefir bazyliowo-grejpfrutowy 155

73. Kefir koperkowo-ogórkowy 157
74. Kefir bazyliowo-cytrynowy 159
75. Kefir rozmarynowo-czosnkowy 161
76. Kefir szczypiorkowo-cebulowy 163
77. Kefir pietruszkowo-limonkowy 165
78. Kefir tymiankowo-cytrynowy 167
79. Kefir miętowo-limonkowy 169
80. Kefir kolendrowo-jalapeño 171
81. Kefir szałwiowo-rozmarynowy 173
82. Kefir estragonowo-bazyliowy 175

ORZECHOWY KEFIR 177
83. Masło Migdałowo-Bananowe Kefir 178
84. Kefir maślano-czekoladowy z masłem orzechowym 180
85. Kefir z orzechów laskowych i kawy 182
86. Kefir z nerkowców i wanilii 184
87. Kefir chlebowy orzechowo-bananowy 186
88. Kefir pistacjowo-kardamonowy 188
89. Kefir kokosowo-migdałowy 190
90. Kefir makadamia-jagody 192
91. Kefir z przyprawą pekan-dynia 194
92. Kefir sezamowo-imbirowy 196

KOKTAJL KEFIROWY 198
93. Koktajl rumowo-jabłkowo-imbirowo-kefirowy 199
94. Koktajl z kefirem i tequilą kokosową 201
95. Koktajl z kefirem i miętą czekoladową 203
96. Koktajl z kefirem i ginem 205
97. Koktajl Mojito Kefir 207
98. Koktajl z kwiatów wiśni 209
99. Koktajl Yuzu, Ube i Kefir 211
100. Koktajl z kefirem bazyliowo-jalapeno 213

WNIOSEK 215

WSTĘP

Kefir to napój probiotyczny o właściwościach leczniczych, spowalniających proces starzenia. Produkowany jest z ziaren kefiru, które pochodzą z Meksyku. Ziarna te nie są zbożami, ale są kulturą macierzystą, która trawi cukier w procesie fermentacji, w wyniku czego powstaje gazowany napój gazowany podobny do szampana.

Chociaż niektóre odmiany kefiru wymagają nabiału, dostępny jest również kefir z surowej wody. W przeciwieństwie do jogurtu mlecznego, kefir zawiera około trzydziestu szczepów bakterii i drożdży. Kultura występuje w małych półprzezroczystych kuleczkach zwanych „ziarnami", które składają się z polisacharydu zwanego kefiranem, kwasów organicznych, drożdży i bakterii. Idealnie byłoby, gdybyś używał żywych ziaren, a nie tych, które zostały odwodnione lub zamrożone. Staraj się unikać starterów w proszku; bakterie nie są tak aktywne i, jeśli będziesz mieć szczęście, wyprodukują tylko osiem partii, zanim będziesz musiał kupić więcej proszku startowego. Wystarczy raz kupić żywe ziarna, a przy odpowiedniej pielęgnacji będą rosły i powiększały się w nieskończoność.

PRZEPISY PODSTAWOWE

1. Kefir kokosowy

SKŁADNIKI:
- 2 kokosy
- 1 do 2 łyżek wodnych ziaren kefiru

INSTRUKCJE:

a) Otwórz orzechy kokosowe i wlej wodę kokosową przez plastikowe sitko do dużej miarki lub miski. Następnie przelej wodę do dużego, szklanego słoika lub słoika. Użycie lejka ułatwi sprawę. Napełnij swój szklany słoik tylko w trzech czwartych do czterech piątych. UWAGA: Upewnij się, że woda jest czysta; jeśli woda jest różowa, jest zjełczała.

b) Następnie do słoika z wodą kokosową wsypujemy ziarna kefiru. Zamknij pokrywkę i umieść słoik w miejscu o temperaturze od 70° do 74°F. W chłodniejszym klimacie możesz umieścić słoik w piekarniku, włączając tylko światło piekarnika.

c) Im dłużej woda fermentuje, tym mniej będzie słodko-kwaśna i octowa. Woda zmieni kolor na mleczny. Czas parzenia nie powinien przekraczać 48 godzin. Nie ma minimalnego czasu parzenia; im krótszy czas, tym więcej cukru i słodszy napar. Idealnie byłoby parzyć wodę kokosową przez okres od 24 do 48 godzin. Możesz spróbować wody co 24 godziny, aby sprawdzić, czy jest lekko gazowana, jak szampan, oraz aby uzyskać pożądany poziom cukru i smaku.

d) Gotowy napar przelej do niemetalowej miski, wyłapując ziarna na plastikowym sicie.

e) Przecedzoną wodę kefirową przelej do innego szklanego słoika i od razu ciesz się smakiem. Przechowywać w lodówce.

f) Będzie go przechowywać przez kilka tygodni w Twojej lodówce.

2. Kefir wodny

SKŁADNIKI:
- 2 szklanki przefiltrowanej wody
- ⅓ szklanki organicznego cukru turbinado
- 1 łyżka rodzynek
- ¼ szklanki plasterków cytryny ze skórką
- 1 do 2 łyżek wodnych ziaren kefiru

INSTRUKCJE:
a) Wlać wodę do szklanego słoika z pokrywką. Nie napełniaj do góry i pamiętaj, aby pozostawić kilka centymetrów powietrza. Rozpuść cukier w wodzie, mieszając lub potrząsając pod zamkniętą pokrywką. Dodać rodzynki i plasterki cytryny oraz ziarna kefiru. Zamknij pokrywę.

b) Umieść słoik w ciemnej szafce na 24 do 48 godzin, aby zaparzyć i sfermentować. Napar można mieszać raz dziennie lub po prostu pozostawić na 2 dni. Gdy wszystko będzie gotowe, użyj plastikowej łyżki lub sitka, aby zebrać z wierzchu cytrynę i rodzynki. Następnie lekko zamieszaj i przelej wodę przez plastikowe sitko, aby wychwycić wszystkie ziarenka kefiru wodnego.

c) Wlej wodę do szklanego pojemnika, włóż ją do lodówki i od razu ciesz się smakiem; lub pozostaw go w temperaturze pokojowej na kolejny dzień lub dwa do wtórnej fermentacji, a następnie umieść słoik w lodówce i ciesz się nim.

d) Trzymam go w lodówce przez miesiąc lub dłużej.

e) Użyj ziaren wody kefirowej, aby natychmiast rozpocząć kolejną porcję.

3. Kefir mleczny

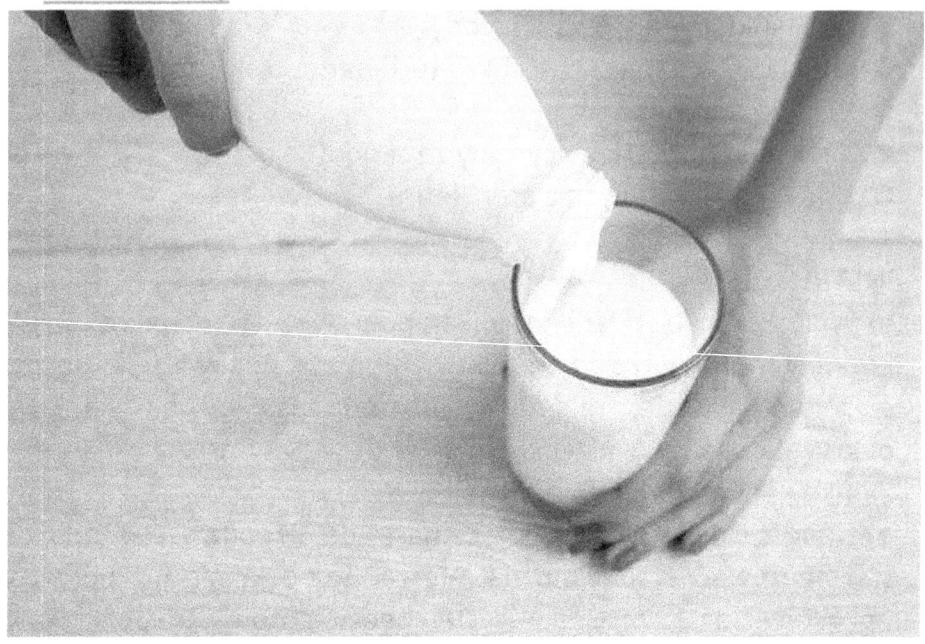

SKŁADNIKI:

- 1 łyżka ziaren kefiru
- 4 szklanki pełnego mleka krowiego

INSTRUKCJE:

a) Do dużego szklanego dzbanka dodaj ziarna kefiru i 4 szklanki pełnego mleka.

b) Przykryj dzbanek kilkoma warstwami ręczników papierowych lub kilkoma papierowymi filtrami do kawy. Zabezpiecz gumką, aby zapobiec przedostawaniu się robaków i kurzu.

c) Odstawić w ciepłe i ciemne miejsce na około 24 godziny.

d) Umieść szeroką, niemetalową miskę pod niemetalowym durszlakiem o drobnych oczkach. Gotowy kefir wlej do durszlaka, mieszając plastikową lub drewnianą łyżką, aby delikatnie przecisnąć kefir. Ziarna zostaną.

e) Opłucz duży słój, w którym fermentowałeś ziarna, a następnie włóż je z powrotem do niego. Aby rozpocząć proces, dodaj 4 szklanki świeżego mleka.

f) Gotowy kefir zebrany w szerokiej misce przełóż do zamykanego słoika. Przechowywać w lodówce przez około 2 tygodnie.

4. Kefir mleczny waniliowy

SKŁADNIKI:
- 2 szklanki kefiru mlecznego
- 1 łyżeczka ekstraktu waniliowego

INSTRUKCJE:
a) Wanilię wymieszaj z kefirem mlecznym.
b) Cieszyć się.

KEFIR OWOCOWY

5. Liczi kefir kokosowy

SKŁADNIKI:
- 2 szklanki wody kokosowej
- 6 łyżek kefiru wodnego
- 5 świeżych, obranych lub konserwowych liczi
- Świeże nasiona granatu

INSTRUKCJE:
a) Dodaj 2 szklanki wody kokosowej do 2-litrowego szklanego słoika.
b) Dodać 2 łyżki ziaren kefiru wodnego.
c) Przykryj słoik filtrem do kawy lub szmatką zabezpieczoną gumką.
d) Odstaw na 48 godzin, kefir z wody kokosowej będzie lekko gazowany i będzie miał lekko pikantny smak.
e) Po 2 dniach fermentacji dodaj 3 świeże, obrane lub z puszki, liczi i fermentuj przez dodatkowe 12-24 godziny
f) Przefiltruj wodę kokosową w misce, aby usunąć kulki kefiru. Usuń liczi. Przechowuj kulki kefirowe w lodówce w szczelnym słoiku z filtrowaną wodą i odrobiną cukru.
g) Przelej kefir z liczi i wodą kokosową do szczelnej butelki i przechowuj w lodówce. Potrzyma kilka tygodni.
h) Podawać schłodzone z pestkami granatu i liczi.

6. Kefir Cytrusowy

SKŁADNIKI:
- 2 szklanki kefiru mlecznego
- 2 do 4 łyżek soku cytrusowego

INSTRUKCJE:
a) Sok cytrusowy zmiksuj z kefirem mlecznym i podawaj.

7. Kefir malinowy z siemienia lnianego

SKŁADNIKI:
- 2 szklanki kefiru mlecznego
- 2 łyżki zmielonego siemienia lnianego
- ½ szklanki malin
- Organiczny cukier trzcinowy

INSTRUKCJE:
a) Połącz składniki w blenderze i zmiksuj je.
b) Jeśli chcesz, dodaj słodzik. Podawać.

8. Kefir Piña Colada

SKŁADNIKI:
- 1 szklanka kefiru mlecznego
- ½ szklanki kremu kokosowego
- ½ szklanki soku ananasowego

INSTRUKCJE:
a) Do blendera włóż kefir mleczny, śmietankę kokosową i sok ananasowy.
b) Zmiksuj je.
c) Podawać.

9. Kefir truskawkowo-bananowy

SKŁADNIKI:
- 1 szklanka kefiru mlecznego
- 6 do 8 truskawek
- 1 banan
- 5 kostek lodu

INSTRUKCJE:
a) Do blendera włóż wyżej wymienione składniki i zmiksuj je.
b) Podawać.

10. Kefir truskawkowo-limonkowy

SKŁADNIKI:
- 1 szklanka kefiru mlecznego
- 2 łyżki soku z limonki
- 5 truskawek
- Organiczny cukier trzcinowy
- 5 kostek lodu

INSTRUKCJE:
a) Wszystkie wyżej wymienione składniki włóż do blendera i zmiksuj.
b) Dodaj cukier.

11. Kefir arbuzowy

SKŁADNIKI:

- 1 szklanka kefiru mlecznego
- 2 szklanki posiekanego arbuza bez pestek
- 10 kostek lodu

INSTRUKCJE:

a) Do blendera włóż wyżej wymienione składniki i wszystko zmiksuj.
b) Podawać.

12. Lemoniada z kefirem malinowym

SKŁADNIKI:
- ½ szklanki świeżych lub rozmrożonych mrożonych malin
- ⅔ szklanki świeżo wyciśniętego soku z cytryny
- ½ szklanki syropu z agawy
- 3 szklanki kefiru

INSTRUKCJE:
a) Wszystkie składniki umieszczamy w blenderze wysokoobrotowym i miksujemy na gładką masę.
b) Przecedzić przez plastikowe sitko do dzbanka. Podawać z lodem.
c) Potrzymam 2 dni w lodówce.

13. Truskawki W Kefirze Kokosowym

SKŁADNIKI:
- 1 szklanka świeżych truskawek
- 4 szklanki kefiru kokosowego, schłodzonego

INSTRUKCJE:

a) Rozłóż truskawki i kefir do czterech szklanek.

b) Przed podaniem rozgnieć i rozgnieć truskawki w kefirze widelcem.

14. Kefir jagodowo-granatowy

SKŁADNIKI:
- 1 litr kefiru wodnego
- ½ szklanki soku jagodowo-granatowego

INSTRUKCJE:
a) Zrób kefir wodny i usuń ziarenka kefiru.
b) Dodaj ½ szklanki soku z jagód i granatów na litr wodnego kefiru.
c) Podawać na zimno.

15. Kefir z sokiem malinowym

SKŁADNIKI:

- Ziarna kefiru
- 1-2 litry organicznego soku malinowego

INSTRUKCJE:

a) Dodaj ziarna kefiru do 1-2 litrów organicznego soku malinowego.
b) Kultura 24-48 godzin.

16. Kefir z sokiem winogronowym

SKŁADNIKI:
- Ziarna kefiru
- 1-2 litry organicznego soku winogronowego

INSTRUKCJE:

a) Dodaj ziarna kefiru do 1-2 litrów organicznego soku winogronowego lub jabłkowego.

b) Kultura przez 24-48 godzin.

17. Kefir wodny ze skórką pomarańczową

SKŁADNIKI:
- Ziarna kefiru
- paski organicznej skórki pomarańczowej
- 1-2 litry wody z cukrem

INSTRUKCJE:
a) Dodaj ziarna kefiru i kilka pasków organicznej skórki pomarańczowej do standardowej porcji wody z cukrem.
b) Kultura 24-48 godzin.
c) Usuń i wyrzuć skórkę pomarańczową.
d) Usuń ziarna kefiru i podawaj gotowy kefir wodny na zimno.

18. Kefir wiśniowo-waniliowy

SKŁADNIKI:
- 4 szklanki pierwszego fermentu
- ¼ szklanki soku wiśniowego
- ½ łyżeczki wanilii

INSTRUKCJE:

a) Dokonaj pierwszego fermentu i pozostaw słoik w ciepłym miejscu na 24-48 godzin.

b) Odcedź ziarna i dodaj składniki do butelki z obrotową zakrętką wraz z kefirem z pierwszej wody fermentacyjnej.

c) Zakręć butelkę z obrotową zakrętką i pozostaw ją w ciepłym miejscu na 24 godziny do drugiego fermentu.

d) Otwórz powoli, odcedź i ciesz się!

19. Kefir wodny z czarnego bzu

SKŁADNIKI:
- 1 litr kefiru wodnego
- 1 łyżka suszonego czarnego bzu

INSTRUKCJE:

a) Po pierwszym fermentacji wlać kefir do czystego słoika i dodać owoce czarnego bzu.

b) Przykryć szczelną pokrywką i odstawić w ciemne miejsce do ponownego fermentowania na co najmniej 24 godziny.

c) Zamrażać.

20. Kefir jagodowo-cytrynowy

SKŁADNIKI:

1 szklanka kefiru
1/2 szklanki jagód
Skórka z 1 cytryny
1 łyżeczka syropu klonowego (opcjonalnie)
INSTRUKCJE:

W blenderze połącz kefir, jagody, skórkę z cytryny i syrop klonowy (w razie potrzeby).

Mieszaj, aż dobrze się połączą.

Przelać do szklanki i podawać schłodzone.

21. Kefir Mango-Ananas

SKŁADNIKI:

1 szklanka kefiru
1/2 szklanki świeżego mango, pokrojonego w kostkę
1/2 szklanki świeżego ananasa, pokrojonego w kostkę
INSTRUKCJE:

W blenderze połącz kefir, mango i ananasa.

Mieszaj, aż masa będzie gładka i kremowa.

Przelać do szklanki i podawać schłodzone.

22. Kefir malinowo-limonkowy

SKŁADNIKI:

1 szklanka kefiru
1/2 szklanki malin
Sok z 1 limonki
1 łyżeczka syropu z agawy (opcjonalnie)
INSTRUKCJE:

W blenderze połącz kefir, maliny, sok z limonki i syrop z agawy (wg uznania).

Mieszaj, aż dobrze się połączą.

Przelać do szklanki i podawać schłodzone.

23. Kefir arbuzowo-miętowy

SKŁADNIKI:

1 szklanka kefiru
1/2 szklanki świeżego arbuza, pokrojonego w kostkę
1 łyżka posiekanych świeżych liści mięty
INSTRUKCJE:

W blenderze połącz kefir, arbuza i liście mięty.

Mieszaj, aż masa będzie gładka i kremowa.

Przelać do szklanki i podawać schłodzone.

24. Kefir brzoskwiniowo-imbirowy

SKŁADNIKI:

1 szklanka kefiru
1/2 szklanki świeżych brzoskwiń, pokrojonych w plasterki
1 łyżeczka startego imbiru
1 łyżeczka miodu (opcjonalnie)
INSTRUKCJE:

W blenderze połącz kefir, brzoskwinie, imbir i miód (w razie potrzeby).

Mieszaj, aż dobrze się połączą.

Przelać do szklanki i podawać schłodzone.

25. Kefir wiśniowo-waniliowy

SKŁADNIKI:

1 szklanka kefiru
1/2 szklanki wiśni bez pestek
1/2 łyżeczki ekstraktu waniliowego
INSTRUKCJE:

W blenderze połącz kefir, wiśnie i ekstrakt waniliowy.

Mieszaj, aż masa będzie gładka i kremowa.

Przelać do szklanki i podawać schłodzone.

26. Kefir kiwi-truskawkowy

SKŁADNIKI:

1 szklanka kefiru
1 kiwi, obrane i pokrojone w plasterki
1/2 szklanki truskawek, pokrojonych w plasterki
1 łyżeczka miodu (opcjonalnie)
INSTRUKCJE:

W blenderze połącz kefir, kiwi, truskawki i miód (w razie potrzeby).

Mieszaj, aż dobrze się połączą.

Przelać do szklanki i podawać schłodzone.

27. Kefir jabłkowo-cynamonowy

SKŁADNIKI:

1 szklanka kefiru
1/2 szklanki jabłka, pokrojonego w kostkę
1/2 łyżeczki mielonego cynamonu
1 łyżeczka syropu klonowego (opcjonalnie)

INSTRUKCJE:

W blenderze połącz kefir, jabłko, cynamon i syrop klonowy (w razie potrzeby).

Mieszaj, aż masa będzie gładka i kremowa.

Przelać do szklanki i podawać schłodzone.

28. Kefir jeżynowo-kokosowy

SKŁADNIKI:

1 szklanka kefiru
1/2 szklanki jeżyn
2 łyżki płatków kokosowych
1 łyżeczka syropu z agawy (opcjonalnie)
INSTRUKCJE:

W blenderze połącz kefir, jeżyny, płatki kokosowe i syrop z agawy (w razie potrzeby).
Mieszaj, aż dobrze się połączą.
Przelać do szklanki i podawać schłodzone.

PIKANTNY KEFIR

29. Kefir mleczny z przyprawą kakaową

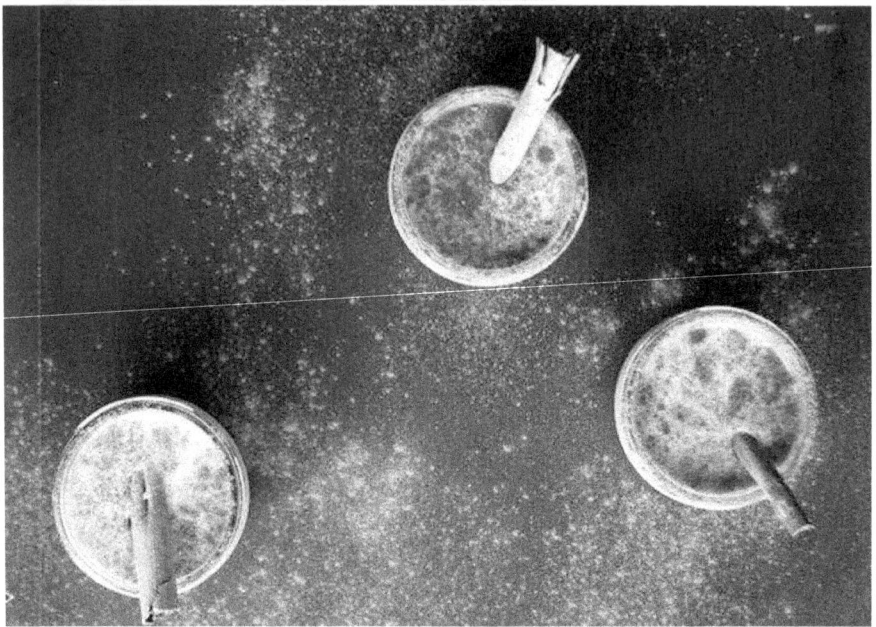

SKŁADNIKI:
- 4 szklanki kefiru mlecznego
- 5 łyżek kakao w proszku
- 2 goździki
- 2 łyżki mielonego cynamonu
- ¼ łyżki gałki muszkatołowej
- Organiczny cukier trzcinowy lub stewia

INSTRUKCJE:

a) Przygotuj tradycyjny kefir mleczny, pozwalając mu fermentować w temperaturze pokojowej przez 24 godziny.

b) Odcedź ziarenka kefiru i przenieś je do świeżego mleka.

c) Dodać kakao, goździki, cynamon i gałkę muszkatołową i wymieszać z kefirem.

d) Załóż pokrywkę na kefir i pozwól mu fermentować przez dodatkowe 12 do 24 godzin.

e) Dodaj słodzik.

30. Kefir Jajeczny Nog

SKŁADNIKI:
- 4 szklanki tradycyjnego kefiru
- 2 jajka
- 2 do 3 łyżek organicznego cukru trzcinowego
- ½ łyżeczki cynamonu
- ½ łyżeczki gałki muszkatołowej

INSTRUKCJE:

a) Połącz kefir, jajka, cukier, cynamon i gałkę muszkatołową w blenderze i miksuj, aż masa będzie gładka.

b) Podczas nalewania posyp każdą filiżankę odrobiną gałki muszkatołowej zmieszanej z cynamonem.

31. Kefir śliwkowo-cynamonowy

SKŁADNIKI:
- ½ szklanki pokrojonych w kostkę śliwek
- 1 laska cynamonu
- 4 szklanki kefiru z pierwszej fermentacji wodnej

INSTRUKCJE:

a) Dokonaj pierwszego fermentu i pozostaw słoik w ciepłym miejscu na 24-48 godzin.

b) Do słoiczka z obrotową końcówką włóż pokrojone w kostkę śliwki, a następnie dodaj cynamon.

c) Ziarna odcedź, a pierwszy zaczyn wlej do butelki z cynamonem i śliwkami.

d) Zakręć butelkę z obrotową zakrętką i pozostaw ją w ciepłym miejscu na 24 godziny do drugiego fermentu.

e) Przechowywać w lodówce, aż będzie dobrze schłodzone.

32. Kefir wodny żurawinowo-jabłkowy z przyprawami

SKŁADNIKI:

- ¼ każdego soku jabłkowego i żurawinowego
- ⅛ łyżeczki zmielonych goździków
- ⅛ łyżeczki cynamonu
- 4 szklanki pierwszego fermentu

INSTRUKCJE:

a) Dokonaj pierwszego fermentu i pozostaw słoik w ciepłym miejscu na 24-48 godzin.

b) Odcedź ziarna i wlej pierwszy ferment do butelki z obrotową górną częścią.

c) Dodać sok żurawinowy i jabłkowy oraz przyprawy.

d) Zakręć butelkę i delikatnie przewróć ją do góry nogami 2 lub 3 razy, aby upewnić się, że składniki dobrze się wymieszały.

e) Pozostaw butelkę w ciepłym miejscu na 24 godziny do drugiego fermentu.

f) Przechowywać w lodówce, aż będzie dobrze schłodzone.

33. Kefir cytrynowo-imbirowo-cayenne

SKŁADNIKI:
- 4 szklanki pierwszego fermentu
- ¼ szklanki soku z cytryny
- 5-10 kostek kandyzowanego lub świeżego imbiru
- Szczypta pieprzu cayenne
- Gałązka świeżej melisy lub mięty

INSTRUKCJE:

a) Dokonaj pierwszego fermentu i pozostaw słoik w ciepłym miejscu na 24-48 godzin.

b) Odcedź ziarna i wlej wodny kefir do butelki z obrotową zakrętką. Dodaj składniki aromatyzujące.

c) Zakręć butelkę z obrotową zakrętką i pozostaw ją w ciepłym miejscu na 24 godziny do drugiego fermentu.

d) Otwórz powoli, odcedź i ciesz się!

34. Kefir wodny z przyprawą dyniową

SKŁADNIKI:

- 4 szklanki kefiru z pierwszej fermentacji wodnej
- ¼ szklanki puree z dyni
- ½ łyżeczki czystego ekstraktu waniliowego
- ½ łyżeczki ziela angielskiego
- ¼ łyżeczki cynamonu
- ¼ łyżeczki gałki muszkatołowej
- ¼ łyżeczki goździków

INSTRUKCJE:

a) Dokonaj pierwszego zaczynu i odstaw słój w ciepłe miejsce na 48 godzin.
b) W misce wymieszaj puree z dyni, wanilię i przyprawy i dodaj ½ szklanki pierwszego fermentu do mieszanki.
c) Wlać mieszaninę do butelki z obrotową górną częścią, dodać więcej pierwszego fermentu, aby ułatwić nalewanie.
d) Ziarna odcedź, a pozostały pierwszy ferment przelej do butelki.
e) Zakręcić butelkę i odstawić w ciepłe miejsce na 24 godziny do drugiego fermentu.

35. Słodki kefir klonowy

SKŁADNIKI:
- 2 szklanki tradycyjnego kefiru mlecznego
- Organiczny syrop klonowy

INSTRUKCJE:
a) Syrop klonowy wymieszaj z kefirem mlecznym.
b) Spróbuj i dodaj więcej syropu, jeśli nie jest wystarczająco słodki.

36. Kefir z mleka czarnego sezamu

SKŁADNIKI:
- 750 ml kefiru mlecznego
- 3 czubate łyżki czarnego sezamu
- 1 łyżka cukru kokosowego
- ½ łyżeczki wanilii

INSTRUKCJE:

a) Wszystkie składniki włóż do shakera lub blendera.
b) Dodaj lód, jeśli chcesz, żeby był całkiem zimny i zamrożony.
c) Mieszaj energicznie, upewniając się, że tahini jest dobrze wymieszane.
d) Spróbuj, aby sprawdzić słodkość lub smak i w razie potrzeby dostosuj.
e) Wlać do formy do lodowych słupków lub szklanek do serwowania.

37. Kefir miodowo-przyprawowy

SKŁADNIKI:
- 1 ½ szklanki zwykłego kefiru
- 2 łyżeczki surowego miodu
- 2 łyżki startego świeżego imbiru
- ½ łyżeczki cynamonu + więcej do dekoracji
- Lód, według potrzeby

INSTRUKCJE:
a) Połącz wszystkie składniki w dzbanku blendera o dużej mocy.
b) Mieszaj na wysokich obrotach, aż masa będzie gładka, dodając więcej kefiru i lodu w razie potrzeby, aby uzyskać pożądaną konsystencję.
c) Przed podaniem posyp cynamonem.

38. Kefir z kurkumy i imbiru

SKŁADNIKI:
- 1 szklanka kefiru
- 1 łyżeczka mielonej kurkumy
- 1 łyżeczka startego świeżego imbiru
- ½ łyżeczki mielonego cynamonu
- 2 łyżeczki miodu

INSTRUKCJE:
a) Mieszaj i ciesz się.

39. Kefir Kurkumowo-Kardamonowy

SKŁADNIKI:

1 szklanka kefiru
1/2 łyżeczki mielonej kurkumy
1/4 łyżeczki mielonego kardamonu
1 łyżeczka miodu (opcjonalnie)

INSTRUKCJE:

W szklance wymieszaj kefir, kurkumę, kardamon i miód (według uznania).

Dobrze wymieszaj, aż przyprawy całkowicie połączą się z kefirem.

Podać schłodzone.

40. Kefir cynamonowo-waniliowy

SKŁADNIKI:

1 szklanka kefiru
1/2 łyżeczki mielonego cynamonu
1/2 łyżeczki ekstraktu waniliowego
1 łyżeczka syropu klonowego (opcjonalnie)
INSTRUKCJE:

W szklance wymieszaj kefir, cynamon, ekstrakt waniliowy i syrop klonowy (wg uznania).

Dobrze wymieszaj, aby równomiernie rozprowadzić przyprawy.

Podać schłodzone.

41. Kefir Piernikowy

SKŁADNIKI:

1 szklanka kefiru
1/2 łyżeczki mielonego imbiru
1/4 łyżeczki mielonego cynamonu
1/4 łyżeczki mielonej gałki muszkatołowej
1/4 łyżeczki zmielonych goździków
1 łyżeczka melasy (opcjonalnie)

INSTRUKCJE:

W szklance wymieszaj kefir, imbir, cynamon, gałkę muszkatołową, goździki i melasę (w razie potrzeby).

Energicznie mieszaj, aż przyprawy całkowicie połączą się z kefirem.

Podać schłodzone.

42. Kefir z przyprawami Chai

SKŁADNIKI:

1 szklanka kefiru
1/2 łyżeczki mielonego cynamonu
1/4 łyżeczki mielonego kardamonu
1/4 łyżeczki mielonego imbiru
1/8 łyżeczki zmielonych goździków
1/8 łyżeczki mielonej gałki muszkatołowej
1 łyżeczka miodu (opcjonalnie)

INSTRUKCJE:

W szklance wymieszaj kefir, cynamon, kardamon, imbir, goździki, gałkę muszkatołową i miód (według uznania).

Dokładnie wymieszaj, aby przyprawy dobrze połączyły się z kefirem.

Podać schłodzone.

43. Kefir z przyprawą dyniową

SKŁADNIKI:

1 szklanka kefiru
2 łyżki puree z dyni
1/2 łyżeczki mielonego cynamonu
1/4 łyżeczki mielonego imbiru
1/8 łyżeczki mielonej gałki muszkatołowej
1/8 łyżeczki zmielonych goździków
1 łyżeczka syropu klonowego (opcjonalnie)

INSTRUKCJE:

W szklance wymieszaj kefir, puree z dyni, cynamon, imbir, gałkę muszkatołową, goździki i syrop klonowy (według uznania).

Energicznie mieszaj, aż składniki dokładnie się połączą.

Podać schłodzone.

44. Kefir waniliowo-kardamonowy

SKŁADNIKI:

1 szklanka kefiru
1/2 łyżeczki ekstraktu waniliowego
1/4 łyżeczki mielonego kardamonu
1 łyżeczka miodu (opcjonalnie)

INSTRUKCJE:

W szklance wymieszaj kefir, ekstrakt waniliowy, kardamon i miód (według uznania).

Dobrze wymieszaj, aby równomiernie rozprowadzić przyprawy.

Podać schłodzone.

45. Kefir gałkowo-goździkowy

SKŁADNIKI:

1 szklanka kefiru
1/2 łyżeczki mielonej gałki muszkatołowej
1/4 łyżeczki zmielonych goździków
1 łyżeczka miodu (opcjonalnie)
INSTRUKCJE:

W szklance wymieszaj kefir, gałkę muszkatołową, goździki i miód (w razie potrzeby).

Dobrze wymieszaj, aby połączyć przyprawy.

Podać schłodzone.

46. Kefir pięciu smaków

SKŁADNIKI:

1 szklanka kefiru
1/4 łyżeczki mielonego cynamonu
1/4 łyżeczki zmielonych goździków
1/4 łyżeczki zmielonych nasion kopru włoskiego
1/4 łyżeczki mielonego anyżu gwiazdkowatego
1/4 łyżeczki mielonych ziaren pieprzu syczuańskiego
1 łyżeczka miodu (opcjonalnie)

INSTRUKCJE:

W szklance wymieszaj kefir, cynamon, goździki, nasiona kopru włoskiego, anyż gwiazdkowaty, ziarna pieprzu syczuańskiego i miód (według uznania).

Dobrze wymieszaj, aż wszystkie przyprawy zostaną dokładnie wymieszane.

Podać schłodzone.

47. Pikantny kefir jabłkowy

SKŁADNIKI:

1 szklanka kefiru
1/4 szklanki soku jabłkowego
1/4 łyżeczki mielonego cynamonu
1/4 łyżeczki mielonego imbiru
1/4 łyżeczki mielonej gałki muszkatołowej
1 łyżeczka miodu (opcjonalnie)

INSTRUKCJE:

W szklance wymieszaj kefir, sok jabłkowy, cynamon, imbir, gałkę muszkatołową i miód (według uznania).

Dobrze wymieszaj, aby połączyć wszystkie smaki.

Podać schłodzone.

48. Kefir miętowo-mokkowy

SKŁADNIKI:
- 1 szklanka kefiru
- 1/2 łyżeczki kakao w proszku
- 1/4 łyżeczki ekstraktu z mięty pieprzowej
- 1 łyżeczka miodu (opcjonalnie)

INSTRUKCJE:
W szklance wymieszaj kefir, kakao, ekstrakt z mięty pieprzowej i miód (w razie potrzeby).
Dobrze wymieszaj, aż kakao całkowicie połączy się z kefirem.
Podać schłodzone.

KEFIR WARZYWNY

49. Kefir marchewkowy

SKŁADNIKI:

- 2 szklanki kefiru mlecznego
- ½ szklanki soku z marchwi
- ½ szklanki startej marchewki
- 1 łyżeczka ekstraktu waniliowego
- Słodzik
- Naczynie do fermentacji

INSTRUKCJE:

a) Zrób tradycyjny kefir mleczny. Pierwszy ferment powinien trwać od 12 do 24 godzin. Przed dodaniem jakichkolwiek pozostałych składników do naczynia fermentacyjnego odcedź ziarna kefiru.

b) Do naczynia fermentacyjnego włóż kefir mleczny i dodaj do pojemnika marchewkę, sok z marchwi i wanilię.

c) Załóż pokrywkę lub pokrywkę na pojemnik i pozostaw do fermentacji na dodatkowe 12 godzin.

d) Tuż przed podaniem włóż kefir do blendera i wszystko zmiksuj. Dodaj słodzik.

50. Kefir wodny rabarbarowo-rozmarynowy

SKŁADNIKI:

- 4 szklanki pierwszego fermentu
- 1 szklanka drobno posiekanych łodyg rabarbaru
- 1 łyżka świeżego rozmarynu

INSTRUKCJE:

a) Dokonaj pierwszego fermentu i pozostaw słoik w ciepłym miejscu na 24-48 godzin.

b) Odcedź ziarna i dodaj wszystkie składniki do butelki z obrotową górną częścią z pierwszym kefirem z wody fermentacyjnej.

c) Zakręć butelkę z obrotową zakrętką i pozostaw ją w ciepłym miejscu na 24 godziny do drugiego fermentu.

d) Otwórz powoli, odcedź i ciesz się!

51. Kefir ze słodkich ziemniaków

SKŁADNIKI:
- 1 ¼ szklanki puree z dyni
- 2 szklanki zwykłego kefiru
- ¼ szklanki nasion konopi lub nasion lnu
- 2 łyżeczki cynamonu
- ½ łyżeczki gałki muszkatołowej
- 2 szklanki lodu
- 2 łyżki syropu klonowego

INSTRUKCJE:

a) Umyj słodkiego ziemniaka i nakłuj w nim dziury widelcem. Zawiń w folię i włóż do kuchenki mikrofalowej na 6-7 minut, aż zacznie parować i będzie miękkie w dotyku.

b) Podczas gdy słodkie ziemniaki gotują się na parze, dodaj wszystkie pozostałe składniki do blendera. Wyjmij słodkiego ziemniaka z kuchenki mikrofalowej, rozpakuj go i pozostaw na kilka minut, aby nie rozpuścił się od razu lód w blenderze.

c) Gdy ziemniak trochę ostygnie, dodaj go do blendera i miksuj przez 60 sekund, aż kremowy kefir ze słodkich ziemniaków będzie gotowy!

52. Kefir z ogórkiem i kolendrą

SKŁADNIKI:

- 4 szklanki pierwszego fermentu
- ⅛ szklanki kawałków arbuza
- ⅛ szklanki drobno posiekanego ogórka
- 1 łyżka świeżej posiekanej kolendry

INSTRUKCJE:

a) Dokonaj pierwszego fermentu i pozostaw słoik w ciepłym miejscu na 24-48 godzin.

b) Odcedź ziarna i dodaj składniki do butelki z obrotową zakrętką wraz z kefirem z pierwszej wody fermentacyjnej.

c) Zakręć butelkę z obrotową zakrętką i pozostaw ją w ciepłym miejscu na 24 godziny do drugiego fermentu.

d) Otwórz powoli, odcedź i ciesz się!

53. Kefir Ogórkowo-Miętowy

SKŁADNIKI:

1 szklanka kefiru
1/2 ogórka, obranego i pokrojonego w kostkę
1 łyżka posiekanych świeżych liści mięty
Sól i pieprz do smaku
INSTRUKCJE:

W blenderze wymieszaj kefir, ogórek, liście mięty, sól i pieprz.

Mieszaj, aż masa będzie gładka i kremowa.

Przelać do szklanki i podawać schłodzone.

54. Kefir marchewkowo-imbirowy

SKŁADNIKI:

1 szklanka kefiru
1/2 szklanki startej marchewki
1 łyżeczka startego imbiru
Sok z 1/2 cytryny
Sól dla smaku

INSTRUKCJE:

W blenderze połącz kefir, startą marchewkę, imbir, sok z cytryny i sól.

Mieszaj, aż dobrze się połączą.

Przelać do szklanki i podawać schłodzone.

55. Kefir szpinakowo-bazyliowy

SKŁADNIKI:

1 szklanka kefiru
1/2 szklanki świeżych liści szpinaku
1/4 szklanki świeżych liści bazylii
Sok z 1/2 cytryny
Sól i pieprz do smaku
INSTRUKCJE:

W blenderze wymieszaj kefir, liście szpinaku, liście bazylii, sok z cytryny, sól i pieprz.

Mieszaj, aż masa będzie gładka i kremowa.

Przelać do szklanki i podawać schłodzone.

56. Kefir buraczano-jabłkowy

SKŁADNIKI:

1 szklanka kefiru
1/2 szklanki gotowanych buraków, pokrojonych w kostkę
1/2 jabłka, pokrojonego w kostkę
1 łyżeczka miodu (opcjonalnie)
Szczypta cynamonu

INSTRUKCJE:

W blenderze połącz kefir, ugotowane buraki, jabłko, miód (według uznania) i cynamon.

Mieszaj, aż dobrze się połączą.

Przelać do szklanki i podawać schłodzone.

57. Kefir pomidorowo-bazyliowy

SKŁADNIKI:

1 szklanka kefiru
1/2 szklanki świeżych pomidorów, pokrojonych w kostkę
1/4 szklanki świeżych liści bazylii
1 ząbek czosnku, posiekany
Sól i pieprz do smaku

INSTRUKCJE:

W blenderze wymieszaj kefir, pomidory, liście bazylii, przeciśnięty przez praskę czosnek, sól i pieprz.

Mieszaj, aż masa będzie gładka i kremowa.

Przelać do szklanki i podawać schłodzone.

58. Kefir Jarmużowo-Ananasowy

SKŁADNIKI:

1 szklanka kefiru
1/2 szklanki liści jarmużu, usunąć łodygi
1/2 szklanki świeżego ananasa, pokrojonego w kostkę
1 łyżeczka miodu (opcjonalnie)

INSTRUKCJE:

W blenderze połącz kefir, liście jarmużu, ananasa i miód (w razie potrzeby).

Mieszaj, aż dobrze się połączą.

Przelać do szklanki i podawać schłodzone.

59. Kefir paprykowo-kolendrowy

SKŁADNIKI:

1 szklanka kefiru
1/2 szklanki papryki (czerwonej, żółtej lub pomarańczowej), pokrojonej w kostkę
2 łyżki świeżych liści kolendry
1/2 papryczki jalapeño, bez nasion (opcjonalnie)
Sól i pieprz do smaku

INSTRUKCJE:

W blenderze połącz kefir, paprykę, liście kolendry, papryczkę jalapeño (w razie potrzeby), sól i pieprz.

Mieszaj, aż masa będzie gładka i kremowa.

Przelać do szklanki i podawać schłodzone.

60. Kefir Cukiniowo-Bazyliowy

SKŁADNIKI:

1 szklanka kefiru
1/2 szklanki cukinii, pokrojonej w kostkę
1/4 szklanki świeżych liści bazylii
Sok z 1/2 cytryny
Sól i pieprz do smaku
INSTRUKCJE:

W blenderze wymieszaj kefir, cukinię, liście bazylii, sok z cytryny, sól i pieprz.

Mieszaj, aż dobrze się połączą.

Przelać do szklanki i podawać schłodzone.

61. Kefir ze słodkich ziemniaków i cynamonu

SKŁADNIKI:

1 szklanka kefiru
1/2 szklanki ugotowanych słodkich ziemniaków, puree
1/2 łyżeczki mielonego cynamonu
1 łyżeczka miodu (opcjonalnie)

INSTRUKCJE:

W blenderze połącz kefir, ugotowane słodkie ziemniaki, cynamon i miód (w razie potrzeby).

Mieszaj, aż masa będzie gładka i kremowa.

Przelać do szklanki i podawać schłodzone.

62. Kefir brokułowo-zielony jabłkowy

SKŁADNIKI:

1 szklanka kefiru
1/2 szklanki gotowanych na parze różyczek brokułów
1/2 zielonego jabłka, pokrojonego w kostkę
Sok z 1/2 cytryny
Sól i pieprz do smaku

INSTRUKCJE:

W blenderze wymieszaj kefir, ugotowane na parze różyczki brokułów, zielone jabłko, sok z cytryny, sól i pieprz.
Mieszaj, aż dobrze się połączą.
Przelać do szklanki i podawać schłodzone.

KEFIR KWIATOWY

63. Kefir mleczny ze słodkiej lawendy

SKŁADNIKI:

- 4 szklanki kefiru mlecznego
- 2 łyżki suszonych główek kwiatów lawendy
- Organiczny cukier trzcinowy lub stewia

INSTRUKCJE:

a) Przygotuj tradycyjny kefir mleczny, pozwalając mu fermentować w temperaturze pokojowej przez 24 godziny.
b) Odcedź ziarenka kefiru i przenieś je do świeżego mleka.
c) Wmieszaj główki kwiatów lawendy do kefiru mlecznego. Nie dodawaj główek kwiatów, gdy ziarna kefiru są jeszcze w kefirze.
d) Załóż pokrywkę na kefir i pozostaw na noc w temperaturze pokojowej. Drugi ferment powinien trwać od 12 do 24 godzin.
e) Odcedź kefir, aby pozbyć się główek kwiatów.
f) Dodaj cukier trzcinowy lub stewię. Do kefiru wmieszaj słodzik.

64. Kefir Liliowo-Brzoskwiniowy

SKŁADNIKI:
- 4 szklanki kefiru z pierwszej fermentacji wodnej
- ½ szklanki prostego syropu liliowego
- 1 łyżka soku z cytryny
- ¼ szklanki kawałków brzoskwiń, świeżych lub mrożonych

NA PROSTY SYROP:
- 2 szklanki świeżych różyczek bzu
- 2 łyżki cukru trzcinowego
- ½ szklanki wody

INSTRUKCJE:

a) Dokonaj pierwszego fermentu i pozostaw słoik w ciepłym miejscu na 24-48 godzin

b) Na prosty syrop: Odetnij różyczki bzu z gałązek i opłucz je w zimnej wodzie w durszlaku lub wirówce do sałaty. W rondlu rozpuść 2 łyżki cukru trzcinowego w ½ szklanki wody na średnim ogniu. Gdy cukier się rozpuści, a płyn zacznie wrzeć, zdejmij z ognia.

c) Upewnij się, że płyn przestał się gotować i dodaj płatki bzu do wody z cukrem. Mieszaj, aby płatki zanurzyły się w płynie, załóż pokrywkę i pozostaw na 1-2 godziny do ostygnięcia.

d) W butelce z obrotową górną częścią odcedź liliowy syrop prosty do butelki z obrotową górną częścią o pojemności 750 ml. Dodaj sok z cytryny i brzoskwinie i zalej pierwszym zaczynem.

e) Zakręć butelkę z obrotową zakrętką i pozostaw ją w ciepłym miejscu na 24 godziny do drugiego fermentu.

f) Otwórz powoli, odcedź i ciesz się!

65. Kefir jagodowo-cytrynowo-lawendowy

SKŁADNIKI:

- 4 szklanki pierwszego fermentu
- 10 świeżych lub mrożonych jagód, najlepiej organicznych
- ¼ szklanki soku z cytryny
- ¼ łyżeczki lawendy kulinarnej

INSTRUKCJE:

a) Dokonaj pierwszego fermentu i pozostaw słoik w ciepłym miejscu na 24-48 godzin.

b) Dodaj sok z cytryny i kulinarną lawendę do czystej butelki z obrotową końcówką.

c) Do butelki dodawać pojedynczo jagody, lekko je ściskając, aby wypłynął sok.

d) Odcedź ziarna i dodaj pierwszy zaczyn do butelki z sokiem z cytryny, lawendą i jagodami.

e) Zakręć butelkę z obrotową zakrętką i pozostaw ją w ciepłym miejscu na 24 godziny do drugiego fermentu.

f) Przechowywać w lodówce, aż będzie dobrze schłodzone.

g) Otwórz powoli, odcedź i ciesz się!

66. Kefir z rumianku i groszku motylkowego

SKŁADNIKI:

- 2 łyżeczki sproszkowanej herbaty z kwiatów grochu
- 8 kawałków kandyzowanego imbiru
- 3 gałązki świeżej mięty pieprzowej, posiekane
- 1 łyżeczka suszonych kwiatów rumianku

INSTRUKCJE:

a) Dokonaj pierwszego fermentu i pozostaw słoik w ciepłym miejscu na 24-48 godzin.

b) Odcedź ziarna i dodaj składniki do zielonej butelki z obrotową górną częścią z pierwszym kefirem z wody fermentacyjnej.

c) Zakręć butelkę z obrotową zakrętką i pozostaw ją w ciepłym miejscu na 24 godziny do drugiego fermentu.

d) Otwórz powoli, odcedź i ciesz się!

67. Kefir wodny z hibiskusem i imbirem

SKŁADNIKI:

- 4 szklanki pierwszego fermentu
- 20 suszonych płatków hibiskusa
- 4 plasterki świeżego korzenia imbiru

INSTRUKCJE:

a) Dokonaj pierwszego fermentu i pozostaw słoik w ciepłym miejscu na 24-48 godzin.

b) Posiekaj imbir i włóż go do butelki z obrotową zakrętką razem z hibiskusem.

c) Dodaj pierwszy kefir z przefermentowanej wody.

d) Zakręć butelkę z obrotową zakrętką i pozostaw ją w ciepłym miejscu na 24 godziny do drugiego fermentu.

e) Otwórz powoli, odcedź i ciesz się!

68. Kefir lawendowo-borówkowy

SKŁADNIKI:

1 szklanka kefiru
1/2 szklanki świeżych jagód
1 łyżeczka suszonych pąków lawendy
1 łyżeczka miodu (opcjonalnie)

INSTRUKCJE:

W blenderze połącz kefir, jagody, suszone pąki lawendy i miód (w razie potrzeby).
Mieszaj, aż masa będzie gładka i dobrze połączona.
Całość przelej do szklanki i podawaj schłodzoną.

KEFIR ZIOŁOWY

69. Kefir wodny z liści pokrzywy

SKŁADNIKI:
- 1 część kefiru wodnego
- 1 część naparu z liści pokrzywy

INSTRUKCJE:

a) Zrób kefir wodny i usuń ziarenka kefiru.

b) Zmieszaj 1 część gotowego kefiru wodnego z 1 częścią naparu ziołowego.

70. Lodowy Kefir Miętowy

SKŁADNIKI:
- 4 szklanki kefiru z pierwszej fermentacji wodnej
- ¼ szklanki miętowej herbaty liściastej
- ½ szklanki przegotowanej wody

INSTRUKCJE:

a) Dokonaj pierwszego fermentu i pozostaw słoik w ciepłym miejscu na 24-48 godzin

b) Zaparzyć herbatę w ½ szklanki przegotowanej wody i pozostawić do ostygnięcia do temperatury pokojowej

c) Odcedź ziarna i dodaj kefir z wody pierwszego fermentu

d) Odcedź herbatę z ostudzonej wody i przelej do butelki z obrotową zakrętką

e) Następnie wlać kefir z wody pierwszego fermentu

f) Zakręć butelkę z obrotową zakrętką i pozostaw ją w ciepłym miejscu na 24 godziny do drugiego fermentu.

g) Przechowywać w lodówce, aż będzie dobrze schłodzone.

h) Otwórz powoli, odcedź i ciesz się!

71. Kefir rozmarynowo-tymiankowy

SKŁADNIKI:

- 4 szklanki pierwszego fermentu
- 1 świeżo wyciśnięta limonka
- 4 sztuki suszonego imbiru
- 1 łyżka świeżego rozmarynu
- 1 duża gałązka tymianku
- 4 słodkie strąki nasion cicely

INSTRUKCJE:

a) Dokonaj pierwszego fermentu i pozostaw słoik w ciepłym miejscu na 24-48 godzin.

b) Odcedź ziarna i dodaj wszystkie składniki do butelki z obrotową zakrętką wraz z pierwszym kefirem z przefermentowanej wody.

c) Zakręć butelkę z obrotową zakrętką i pozostaw ją w ciepłym miejscu na 24 godziny do drugiego fermentu.

d) Otwórz powoli, odcedź i ciesz się!

72. Kefir bazyliowo-grejpfrutowy

SKŁADNIKI:

- 1 ½ szklanki soku grejpfrutowego
- 2 ½ szklanki wody filtrowanej lub destylowanej
- ⅓ szklanki cukru
- 7 dużych liści bazylii, zmieszanych
- ¼ szklanki wody na bazie kefiru
- 1 łyżeczka kwasku cytrynowego

INSTRUKCJE:

a) Sok grejpfrutowy wlewamy do słoiczka, dodajemy zmiksowaną bazylię i cukier.

b) Energicznie wstrząśnij, aby rozpuścić cukier. Odstaw na 1-2 godziny, aby wchłonął aromat bazylii.

c) Dodaj kulturę kefiru wodnego do butelki typu flip-top za pomocą lejka do butelkowania.

d) Następnie odcedź bazylię od grejpfruta i wlej sok do butelki typu flip-top.

e) Na koniec dodaj do butelki tyle wody, aby sięgała około 2 cali poniżej otworu.

f) Zamknąć i pozostawić w temperaturze pokojowej na około 36-48 godzin lub do momentu pojawienia się wyraźnych oznak karbonatyzacji.

g) Następnie przełożyć na noc do lodówki. Jest teraz gotowy do picia!

73. Kefir koperkowo-ogórkowy

SKŁADNIKI:

- 1 szklanka kefiru
- 1/4 szklanki startego ogórka
- 2 łyżki świeżego koperku, posiekanego
- Sól i pieprz do smaku

INSTRUKCJE:

a) W misce wymieszaj kefir, starty ogórek, świeży koperek, sól i pieprz.
b) Dobrze wymieszaj, aby połączyć smaki.
c) Podać schłodzone.

74. Kefir bazyliowo-cytrynowy

SKŁADNIKI:

- 1 szklanka kefiru
- 2 łyżki posiekanych świeżych liści bazylii
- Skórka z 1 cytryny
- Sól dla smaku

INSTRUKCJE:

a) W misce wymieszaj kefir, świeże liście bazylii, skórkę z cytryny i sól.
b) Dobrze wymieszaj, aby przeniknąć smakami.
c) Podać schłodzone.

75. Kefir rozmarynowo-czosnkowy

SKŁADNIKI:
- 1 szklanka kefiru
- 1 łyżka posiekanych świeżych liści rozmarynu
- 1 ząbek czosnku, posiekany
- Sól i pieprz do smaku

INSTRUKCJE:
a) W misce wymieszaj kefir, świeże liście rozmarynu, przeciśnięty przez praskę czosnek, sól i pieprz.
b) Dobrze wymieszaj, aby smaki się połączyły.
c) Podać schłodzone.

76. Kefir szczypiorkowo-cebulowy

SKŁADNIKI:
- 1 szklanka kefiru
- 2 łyżki świeżego szczypiorku, posiekanego
- 1 łyżka zielonej cebuli, posiekanej
- Sól i pieprz do smaku

INSTRUKCJE:

a) W misce wymieszaj kefir, świeży szczypiorek, zieloną cebulę, sól i pieprz.
b) Dobrze wymieszaj, aby równomiernie rozprowadzić zioła.
c) Podać schłodzone.

77. Kefir pietruszkowo-limonkowy

SKŁADNIKI:
- 1 szklanka kefiru
- 2 łyżki posiekanej świeżej pietruszki
- Sok z 1 limonki
- Sól i pieprz do smaku

INSTRUKCJE:
a) W misce wymieszaj kefir, świeżą pietruszkę, sok z limonki, sól i pieprz.
b) Dobrze wymieszaj, aby przeniknąć smakami.
c) Podać schłodzone.

78. Kefir Tymiankowo-Cytrynowy

SKŁADNIKI:

1 szklanka kefiru
1 łyżka świeżych liści tymianku
Skórka z 1 cytryny
Sól i pieprz do smaku
INSTRUKCJE:

W misce wymieszaj kefir, liście świeżego tymianku, skórkę z cytryny, sól i pieprz.

Dobrze wymieszaj, aby połączyć smaki.

Podać schłodzone.

79. Kefir miętowo-limonkowy

SKŁADNIKI:

1 szklanka kefiru
2 łyżki posiekanych świeżych liści mięty
Sok z 1 limonki
Sól i pieprz do smaku
INSTRUKCJE:

W misce wymieszaj kefir, świeże liście mięty, sok z limonki, sól i pieprz.

Dobrze wymieszaj, aby przeniknąć smakami.

Podać schłodzone.

80. Kefir kolendrowo-jalapeno

SKŁADNIKI:

1 szklanka kefiru
2 łyżki posiekanej świeżej kolendry
1/2 papryczki jalapeño, nasiona usunięte i posiekane
Sól i pieprz do smaku

INSTRUKCJE:

W misce wymieszaj kefir, świeżą kolendrę, posiekaną papryczkę jalapeño, sól i pieprz.

Dobrze wymieszaj, aby równomiernie rozprowadzić zioła i przyprawy.

Podać schłodzone.

81. Kefir szałwiowo-rozmarynowy

SKŁADNIKI:

1 szklanka kefiru
1 łyżka posiekanych świeżych liści szałwii
1 łyżka posiekanych świeżych liści rozmarynu
Sól i pieprz do smaku

INSTRUKCJE:

W misce wymieszaj kefir, świeże liście szałwii, świeże liście rozmarynu, sól i pieprz.

Dobrze wymieszaj, aby połączyć smaki.

Podać schłodzone.

82. Kefir estragonowo-bazyliowy

SKŁADNIKI:
- 1 szklanka kefiru
- 1 łyżka posiekanych świeżych liści estragonu
- 1 łyżka posiekanych świeżych liści bazylii
- Sól i pieprz do smaku

INSTRUKCJE:
a) W misce wymieszaj kefir, świeże liście estragonu, świeże liście bazylii, sól i pieprz.
b) Dobrze wymieszaj, aby przeniknąć smakami.
c) Podać schłodzone.

ORZECHOWY KEFIR

83. Kefir Masło Migdałowo-Bananowy

SKŁADNIKI:
- 1 szklanka kefiru
- 2 łyżki masła migdałowego
- 1 dojrzały banan
- 1 łyżeczka miodu (opcjonalnie)

INSTRUKCJE:
a) W blenderze połącz kefir, masło migdałowe, banana i miód (w razie potrzeby).
b) Mieszaj, aż masa będzie gładka i kremowa.
c) Przelać do szklanki i podawać schłodzone.

84. Kefir Masło Orzechowo-Czekoladowy

SKŁADNIKI:
- 1 szklanka kefiru
- 2 łyżki masła orzechowego
- 1 łyżka kakao w proszku
- 1 łyżeczka miodu (opcjonalnie)

INSTRUKCJE:
a) W blenderze połącz kefir, masło orzechowe, kakao i miód (w razie potrzeby).
b) Mieszaj, aż dobrze się połączą.
c) Przelać do szklanki i podawać schłodzone.

85. Kefir orzechowo-kawowy

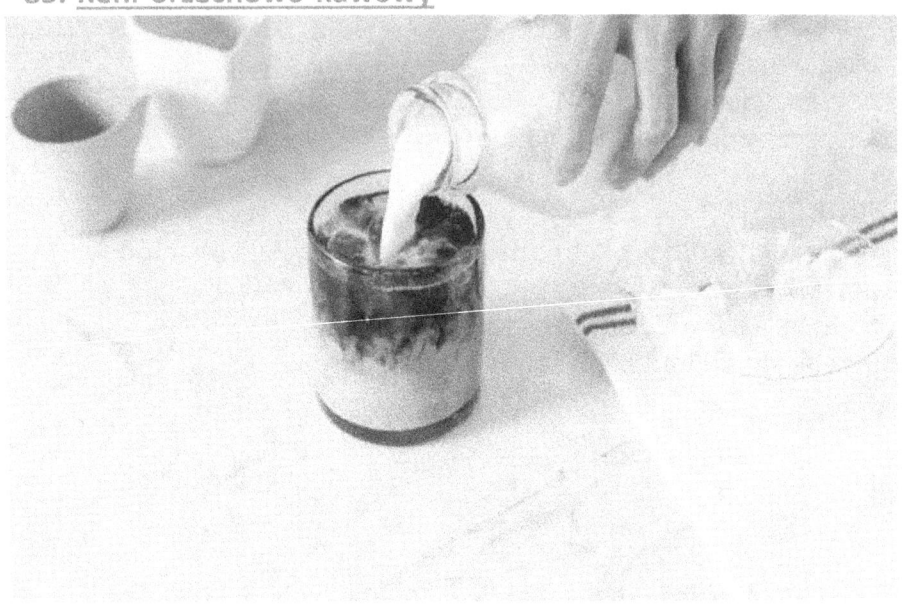

SKŁADNIKI:
- 1 szklanka kefiru
- 1 łyżka kremu z orzechów laskowych (np. Nutella)
- 1 łyżeczka granulatu kawy rozpuszczalnej
- 1 łyżeczka miodu (opcjonalnie)

INSTRUKCJE:
a) W blenderze połącz kefir, krem z orzechów laskowych, granulki kawy rozpuszczalnej i miód (w razie potrzeby).
b) Mieszaj, aż masa będzie gładka i kremowa.
c) Przelać do szklanki i podawać schłodzone.

86. Kefir z nerkowców i wanilii

SKŁADNIKI:
- 1 szklanka kefiru
- 2 łyżki masła z nerkowców
- 1/2 łyżeczki ekstraktu waniliowego
- 1 łyżeczka syropu klonowego (opcjonalnie)

INSTRUKCJE:
a) W blenderze połącz kefir, masło z nerkowców, ekstrakt waniliowy i syrop klonowy (w razie potrzeby).
b) Mieszaj, aż dobrze się połączą.
c) Przelać do szklanki i podawać schłodzone.

87. Kefir chlebowy orzechowo-bananowy

SKŁADNIKI:
- 1 szklanka kefiru
- 2 łyżki zmielonych orzechów włoskich
- 1 dojrzały banan
- 1/4 łyżeczki mielonego cynamonu
- 1 łyżeczka miodu (opcjonalnie)

INSTRUKCJE:
a) W blenderze połącz kefir, pokruszone orzechy włoskie, banana, mielony cynamon i miód (według uznania).
b) Mieszaj, aż masa będzie gładka i kremowa.
c) Przelać do szklanki i podawać schłodzone.

88. Kefir pistacjowo-kardamonowy

SKŁADNIKI:
- 1 szklanka kefiru
- 2 łyżki pokruszonych pistacji
- 1/4 łyżeczki mielonego kardamonu
- 1 łyżeczka miodu (opcjonalnie)

INSTRUKCJE:
a) W blenderze połącz kefir, pokruszone pistacje, zmielony kardamon i miód (według uznania).
b) Mieszaj, aż dobrze się połączą.
c) Przelać do szklanki i podawać schłodzone.

89. Kefir kokosowo-migdałowy

SKŁADNIKI:
- 1 szklanka kefiru
- 2 łyżki wiórków kokosowych
- 2 łyżki mąki migdałowej
- 1 łyżeczka miodu (opcjonalnie)

INSTRUKCJE:
a) W blenderze połącz kefir, wiórki kokosowe, mąkę migdałową i miód (w razie potrzeby).
b) Mieszaj, aż masa będzie gładka i kremowa.
c) Przelać do szklanki i podawać schłodzone.

90. Kefir makadamia-jagody

SKŁADNIKI:
- 1 szklanka kefiru
- 2 łyżki zmielonych orzechów makadamia
- 1/2 szklanki mieszanych jagód (np. truskawek, jagód, malin)
- 1 łyżeczka miodu (opcjonalnie)

INSTRUKCJE:
a) W blenderze połącz kefir, pokruszone orzechy makadamia, mieszankę jagód i miód (w razie potrzeby).
b) Mieszaj, aż dobrze się połączą.
c) Przelać do szklanki i podawać schłodzone.

91. Kefir z przyprawą pekan-dynia

SKŁADNIKI:

- 1 szklanka kefiru
- 2 łyżki pokruszonych orzechów pekan
- 2 łyżki puree z dyni
- 1/4 łyżeczki mieszanki przypraw dyniowych
- 1 łyżeczka syropu klonowego (opcjonalnie)

INSTRUKCJE:

a) W blenderze połącz kefir, pokruszone orzechy pekan, puree z dyni, mieszankę przypraw dyniowych i syrop klonowy (w razie potrzeby).
b) Mieszaj, aż masa będzie gładka i kremowa.
c) Przelać do szklanki i podawać schłodzone.

92. Kefir sezamowo-imbirowy

SKŁADNIKI:
- 1 szklanka kefiru
- 2 łyżki prażonych nasion sezamu
- 1 łyżeczka startego imbiru
- 1 łyżeczka miodu (opcjonalnie)

INSTRUKCJE:
a) W blenderze wymieszaj kefir, prażone nasiona sezamu, starty imbir i miód (według uznania).
b) Mieszaj, aż dobrze się połączą.
c) Przelać do szklanki i podawać schłodzone.

KOKTAJL KEFIROWY

93. Koktajl rumowo-jabłkowo-imbirowo-kefirowy

SKŁADNIKI:
- 1 szklanka kefiru wodnego z jabłkami i imbirem
- 1 uncja przyprawionego rumu
- 3 cienkie plasterki tartego zielonego jabłka
- 1 laska cynamonu
- 3 szt. kandyzowany imbir

INSTRUKCJE:
a) Wlej rum do szklanki
b) Dodaj kefir jabłkowo-imbirowy
c) Dodaj 3 plasterki zielonego jabłka
d) 2 szt. kandyzowany imbir
e) Wymieszać z laską cynamonu i pozostawić w szklance
f) Dodaj kandyzowany imbir do krawędzi szklanki

94. Koktajl z kefirem i tequilą kokosową

SKŁADNIKI:
- 1 uncja tequili kokosowej
- ⅛ łyżeczki spiruliny w proszku
- Kefir z wodą kokosową
- Wiórki kokosowe

INSTRUKCJE:
a) W kieliszku koktajlowym rozpuść ⅛ łyżeczki sproszkowanej spiruliny z tequilą kokosową.
b) Dodaj kostki lodu i uzupełnij wodnym kefirem według własnego uznania.
c) Delikatnie wymieszaj i posyp wiórkami kokosowymi.
d) Natychmiast podawaj.

95. Koktajl z kefirem i miętą czekoladową

SKŁADNIKI:

- Biała czekolada
- Kefir miętowy i wodny
- 1 uncja wódki waniliowej
- 1 zmiażdżona laska cukierka do dekoracji

INSTRUKCJE:

a) Połóż pokruszone laski cukierków na małym talerzu.

b) Zwilż zewnętrzny brzeg schłodzonego kieliszka do martini wodą.

c) Trzymając szklankę za nóżkę, obróć jej brzeg tak, aby pokrył ją cukierkiem.

d) Do szklanki dodaj kefir z białą czekoladą i miętą oraz wódkę.

96. Koktajl z kefirem i ginem

SKŁADNIKI:

- 2 uncje ginu
- ½ uncji świeżego soku z cytryny Meyer lub zwykłego soku z cytryny
- 2 łyżki zwykłego niesłodzonego kefiru kokosowego
- 1 łyżka drobnego cukru
- 4 krople wody z kwiatu pomarańczy
- 3 uncje schłodzonej, gazowanej naturalnej wody źródlanej
- Kostki lodu
- Cienko pokrojone cytryny i skórka pomarańczowa, udekorować

INSTRUKCJE:

a) Do dużego shakera koktajlowego wraz z kilkoma kostkami lodu włóż gin, sok z cytryny, kefir, cukier i wodę z kwiatu pomarańczy.

b) Wstrząsaj energicznie przez 20 sekund, aż kefir zacznie lekko musować, wszystko będzie dobrze schłodzone, a cukier całkowicie się rozpuści.

c) Ostrożnie zdejmij pokrywkę.

d) Przecedź do szklanki ze świeżym lodem i uzupełnij schłodzoną, naturalną, gazowaną wodą źródlaną.

e) Udekoruj i podawaj.

97. Koktajl Mojito Kefir

SKŁADNIKI:

- ½ wyciśniętej limonki i dodatkowy plasterek do dekoracji
- 1 łyżeczka organicznego cukru trzcinowego
- 1 shot kefiru
- 10-20 listków świeżej mięty
- Do uzupełnienia woda gazowana lub woda sodowa
- Kostki lodu

INSTRUKCJE:

a) Umyj i przygotuj miętę i poczekaj, aż wyschnie. W szklance wymieszaj świeże liście mięty, sok z limonki i cukier.

b) Mieszaj mieszaninę, aż cukier w większości się rozpuści.

c) Do szklanki dodaj kostki lodu i kieliszek lub dwa Oryginalnego Kefiru. Wymieszaj to.

d) Dopełnij schłodzoną wodą sodową i dodaj dekorację, którą może być plasterek limonki lub świeże liście mięty.

98. Koktajl z kwiatów wiśni

SKŁADNIKI:

- 1 uncja Kefir Wiśniowy
- 1 ½ uncji białego rumu
- 1 ½ uncji kwaśnego soku wiśniowego
- 0 ½ uncji likieru cytrusowego
- 7 kropli Bittersu Rabarbarowego

INSTRUKCJE:

a) Do shakera koktajlowego z lodem włóż wszystkie składniki i potrząsaj, aż ostygną.

b) Przelej do schłodzonego kieliszka typu coupe i udekoruj kwiatami wiśni.

99. Koktajl Yuzu, Ube i Kefir

SKŁADNIKI:

- 1 ¼ uncji dojrzałego rumu
- ½ uncji bourbona
- ¼ uncji sherry
- ¼ uncji likieru bananowego
- ¾ uncji soku yuzu
- ¾ uncji syropu ube
- 1 ½ uncji kefiru

INSTRUKCJE:

a) Połącz pięć pierwszych składników w pojemniku.
b) Podgrzej kefir na płycie kuchennej lub w kuchence mikrofalowej.
c) Doprowadzić do wrzenia, ale nie gotować. Gotowanie spowoduje zwarcie kefiru, co jest dobre.
d) Do pojemnika z koktajlem wlej ciepły kefir i odstaw na co najmniej 30 minut.
e) Przecedzić koktajl przez filtr do kawy; przefiltrowany koktajl powinien być klarowny, z żółtawym odcieniem.
f) Aby uzyskać bardziej klarowny napój, przefiltruj go ponownie przez skrzep, używając tego samego filtra.
g) Dodać syrop ube i wymieszać do połączenia.
h) Aby podać, wlej koktajl do szklanki typu rocks, na dużą kostkę lodu i mieszaj, aż się schłodzi.

100. Koktajl z kefirem bazyliowo-jalapeno

SKŁADNIKI:
- Gałązka świeżej bazylii
- 2–6 plasterków świeżego jalapeno
- 2 uncje soku ananasowego
- 2 uncje kefiru z wodą imbirową
- 1 ½ uncji irlandzkiej whisky
- Shaker do Martini
- lód

INSTRUKCJE:

a) Połącz sok ananasowy, kefir z wodą imbirową i opcjonalnie whisky w shakerze z lodem i delikatnie zwiń lub wstrząśnij, aby połączyć.

b) Do szklanki włóż kilka kostek, dodaj papryczki jalapenos i bazylię i wlej do szklanki.

c) Podawaj i ciesz się!!

100. Koktajl z kefirem bazyliowo-jalapeno

SKŁADNIKI:
- Gałązka świeżej bazylii
- 2–6 plasterków świeżego jalapeno
- 2 uncje soku ananasowego
- 2 uncje kefiru z wodą imbirową
- 1 ½ uncji irlandzkiej whisky
- Shaker do Martini
- lód

INSTRUKCJE:
a) Połącz sok ananasowy, kefir z wodą imbirową i opcjonalnie whisky w shakerze z lodem i delikatnie zwiń lub wstrząśnij, aby połączyć.
b) Do szklanki włóż kilka kostek, dodaj papryczki jalapenos i bazylię i wlej do szklanki.
c) Podawaj i ciesz się!!

WNIOSEK

Kefir to orzeźwiający i pyszny sposób na uzyskanie większej liczby korzystnych dla nas probiotyków, pożytecznych bakterii potrzebnych do budowania zdrowego środowiska wewnętrznego organizmu. Przyjazne bakterie zawarte w napojach kulturowych tworzą zdrowy układ trawienny i okrężnicę, pomagając nam rozkładać i trawić żywność oraz wchłaniać więcej składników odżywczych. Pomagają również usuwać toksyny z naszego organizmu, oczyszczając nas od środka. Kefir ma właściwości przeciwnowotworowe, przeciwzapalne i wzmacnia układ odpornościowy. Wiadomo, że kefir obniża poziom cholesterolu; pomoc w chorobach serca i tętnic; regulować ciśnienie krwi; pomoc w trawieniu; i leczy wątrobę, nerki, śledzionę, trzustkę, pęcherzyk żółciowy i wrzody żołądka.

www.ingramcontent.com/pod-product-compliance
Lightning Source LLC
LaVergne TN
LVHW021710060526
838200LV00050B/2598